Resumo

Foi uma fase difícil, mas confiei em Deus para me fortalecer, mesmo em circunstâncias desfavoráveis. Tudo mudou quando me mudei para uma nova rua, onde a casa parecia ter características paranormais. Cuidar do bem-estar espiritual é importante, além da saúde física. Não conseguia me integrar ao bairro e tive problemas com uma vizinha mais velha devido à minha natureza reservada. Enfrentei desafios, mas finalmente encontrei um lar onde experimentei felicidade e prosperidade.

A CASA DA RUA CARAVELAS

Às vezes, as coisas não são como parecem

Autor: Emerson Calejon
emersoncalejon@live.com

A Casa da Rua Caravelas

Emerson Calejon

Published by Emerson Calejon, Sr, 2024.

A CASA DA RUA CARAVELAS

First edition. June 6, 2024.

ISBN: 979-8227327444

Written by Emerson Calejon.

Also by Emerson Calejon

A jornada de Allan Karras
A Serenidade Interior
Do outro lado das Estrelas
John River: O último desafio
Luzes e Ensinos do Plano Astral
Mensagens que Auxiliam
O Caminho
Paixões na Madrugada
Palavras que Confortam
Palavras que Libertam
Reflexões de uma Jornada
Além das Estrelas
O Declínio da Coragem
Uma História de Vida
A Gota de Chuva
O Homem frente ao Ego
O Menino e o Maestro
Perguntas e Respostas sobre a vida Espiritual
Aprendendo com a Vida
50 Tons de Pensamentos
Gume de dois Lados
John River: o início da missão
Arte de Viver
O Jardim de Dulcineia
Para onde tenha Sol

Um olhar além das Estrelas
Em uma Noite Fria
Lembranças de uma Noite de Réveillon
Amizade Colorida
A Casa da Rua Caravelas
A Luz da Esperança
Efeito Bipolar
Pantera

Resumo

Foi uma fase complicada em que confiei plenamente em Deus para me fortalecer.

Mesmo consciente de que, anteriormente, as circunstâncias não eram favoráveis.

Porém, foi a partir do momento em que me mudei para essa rua que tudo teve início.

Desconhecia a razão pela qual aquele lar parecia tão peculiar.

As experiências que me marcaram ultrapassaram os limites deste universo.

Me parece que a residência possuía características paranormais.

Entendo que, considerando a condição de saúde de alguém, é importante também cuidar do seu bem-estar espiritual.

Eu não conseguia me integrar àquele bairro e aos seus moradores.

Eu estava tomado pelo receio e sentia que nada ali me pertencia, como se eu não fizesse parte daquele local.

Comecei a enfrentar dificuldades com uma vizinha de idade superior à minha.

Isso se dava devido à minha natureza reservada, o que a perturbava profundamente.

Ela passou a se inserir em nossas rotinas e eu não concordei.

Passei por períodos muito desafiadores ao longo dos últimos anos.

Um dia finalmente alcancei um local mais favorável.

Nesse lar inédito, experimentei uma felicidade e prosperidade sem igual.

CAPÍTULO 1

Confiança em Deus em Tempos Difíceis

Momentos de Dificuldade

A vida é repleta de momentos desafiadores, nos quais nos deparamos com dificuldades e adversidades que testam nossa força e resiliência. Esses momentos podem surgir inesperadamente, trazendo consigo obstáculos que parecem intransponíveis. No entanto, é nesses momentos que a nossa fé e confiança em Deus são colocadas à prova, revelando a verdadeira essência do nosso ser.

Desafios e Adversidades

Os desafios e adversidades que enfrentamos ao longo da vida podem se manifestar de diversas formas, seja através de problemas financeiros, doenças, perdas pessoais ou conflitos interpessoais. Essas situações exigem de nós uma postura firme e corajosa, buscando forças para superar os obstáculos que se apresentam em nosso caminho.

Superando Obstáculos

A superação de obstáculos requer determinação e perseverança. Muitas vezes, nos vemos diante de desafios que nos parecem insuperáveis, mas é nesses momentos que a nossa fé se torna um alicerce fundamental. A confiança em Deus nos fortalece e nos capacita a enfrentar as dificuldades com coragem e esperança, acreditando que, com a Sua ajuda, somos capazes de vencer qualquer obstáculo que se apresente em nosso caminho.

Confiando em Deus

A confiança em Deus é o alicerce da nossa fé, é a certeza de que, mesmo nos momentos mais difíceis, Ele está ao nosso lado, nos amparando e nos sustentando. Confiar em Deus significa depositar nele toda a nossa esperança e segurança, reconhecendo que, em Sua infinita sabedoria, Ele tem o controle de todas as coisas e nos conduzirá em segurança, mesmo nos momentos mais turbulentos.

Fácil Fortalecimento

Fortalecer-se na confiança em Deus pode parecer uma tarefa árdua em meio às tribulações, no entanto, a Sua presença e o Seu amor tornam esse fortalecimento uma jornada de aprendizado e crescimento espiritual. Ao confiarmos em Deus, encontramos a paz que excede todo entendimento, a certeza de que Ele é a nossa fortaleza e o nosso refúgio, mesmo nos momentos mais turbulentos.

Reflexões Espirituais

Os momentos de dificuldade nos convidam a realizar reflexões profundas sobre a nossa espiritualidade e a importância de manter uma conexão íntima com Deus. Essas reflexões nos permitem compreender que, em meio às adversidades, a nossa fé se torna ainda mais vital, guiando-nos em direção à luz e à esperança, mesmo quando tudo ao nosso redor parece sombrio.

Importância da Espiritualidade

A espiritualidade desempenha um papel fundamental em nossa jornada, especialmente nos momentos de dificuldade. Ela nos conecta com algo maior do que nós mesmos, proporcionando-nos conforto, orientação e força para enfrentar os desafios que surgem em nosso caminho. A importância de manter uma vida espiritual ativa se revela de maneira ainda mais intensa nos momentos em que somos testados, fortalecendo-nos e renovando as nossas esperanças.

Experiências Pessoais

Cada indivíduo vive experiências únicas e pessoais ao enfrentar momentos de dificuldade. Essas experiências moldam a nossa percepção da vida e nos proporcionam aprendizados profundos, transformando-nos de maneira significativa.

Mudança de Perspectiva

Os momentos de dificuldade têm o poder de promover uma mudança profunda em nossa perspectiva de vida. Eles nos convidam a enxergar além das aparências, a valorizar o que realmente importa e a buscar um sentido mais profundo para as nossas experiências. Essa mudança de perspectiva nos conduz a uma jornada de autoconhecimento e transformação pessoal, revelando-nos novas possibilidades e oportunidades de crescimento.

Transformação Pessoal

A transformação pessoal que ocorre em meio aos momentos de dificuldade é um processo profundo e significativo. Ela nos convida a revisitar as nossas crenças, valores e prioridades, promovendo uma reavaliação do que é verdadeiramente essencial em nossas vidas. Essa transformação nos capacita a enfrentar os desafios com uma nova postura, fortalecendo a nossa fé e a nossa confiança em Deus.

Aprendizados

Cada desafio enfrentado nos reserva preciosos aprendizados, que se revelam como lições extraídas das experiências vividas. Esses aprendizados nos proporcionam sabedoria e discernimento, capacitando-nos a enfrentar novos desafios com maturidade e resiliência.

Lições Extraídas

As lições extraídas dos momentos de dificuldade nos convidam a crescer e a evoluir, mesmo diante das circunstâncias mais adversas. Elas nos ensinam a valorizar a vida, a cultivar a gratidão e a manter a esperança viva em nosso coração. Cada aprendizado nos fortalece e nos prepara para os desafios que ainda estão por vir, tornando-nos mais resilientes e confiantes em Deus.

Você Sabia?

Confiança em Deus em Tempos Difíceis

Experiências Pessoais

Aprendizados

Lições Extraídas

As lições extraídas dos momentos de dificuldade nos convidam a crescer e a evoluir, mesmo diante das circunstâncias mais adversas. Elas nos ensinam a valorizar a vida, a cultivar a gratidão e a manter a esperança viva em nosso coração. Cada aprendizado nos fortalece e nos prepara

para os desafios que ainda estão por vir, tornando-nos mais resilientes e confiantes em Deus.

Impacto na Vida

O impacto dos momentos de dificuldade em nossas vidas é profundo e duradouro. Eles nos desafiam a desenvolver resiliência, a buscar superação e a promover um crescimento pessoal significativo.

Resiliência e Superação

A resiliência é a capacidade de enfrentar as adversidades com coragem e determinação, buscando superar os obstáculos que surgem em nosso caminho. Ela nos fortalece e nos capacita a lidar com as situações mais desafiadoras, revelando a nossa força interior e a nossa capacidade de superação.

Força Interior

A força interior que desenvolvemos ao enfrentar momentos de dificuldade é um tesouro valioso que nos acompanha ao longo de toda a nossa jornada. Ela nos sustenta nos momentos mais difíceis, fortalecendo a nossa fé e a nossa confiança em Deus, e nos conduzindo em direção à superação e ao crescimento pessoal.

Crescimento Pessoal

O crescimento pessoal que emerge dos momentos de dificuldade é uma dádiva que transforma a nossa jornada. Ele nos convida a evoluir, a expandir os nossos horizontes e a desenvolver uma compreensão mais profunda sobre a vida e sobre o propósito de nossas experiências.

Desenvolvimento e Amadurecimento

O desenvolvimento e amadurecimento que resultam dos momentos de dificuldade nos capacitam a enfrentar os desafios com sabedoria e discernimento. Eles nos conduzem a uma jornada de autodescoberta e crescimento espiritual, fortalecendo a nossa fé e a nossa confiança em Deus, e preparando-nos para abraçar as oportunidades que o futuro nos reserva.

CAPÍTULO 2

Mudança para a Rua Caravelas

Decisão de Mudança

A decisão de mudar para a Rua Caravelas foi um marco significativo na vida da família. Diversos fatores determinantes influenciaram essa escolha, desde questões pessoais até oportunidades únicas que a nova localidade oferecia. A motivação para essa mudança foi impulsionada por uma série de razões que serão exploradas ao longo deste capítulo.

Motivações e Razões

Os motivos que levaram as pessoas a optarem pela mudança para a Rua Caravelas foram diversos e multifacetados. Alguns indivíduos buscavam um ambiente mais tranquilo e acolhedor, longe do agito e do estresse das grandes cidades. Outros foram atraídos pelas oportunidades de crescimento profissional e pessoal que a nova localidade prometia. Além disso, razões familiares, como a proximidade de parentes ou a busca por um ambiente mais propício ao desenvolvimento dos filhos, também desempenharam um papel crucial nessa decisão.

É importante ressaltar que cada pessoa tinha suas próprias razões para escolher a Rua Caravelas como novo lar. Essas motivações refletiam as necessidades, aspirações e valores individuais de cada um, demonstrando a singularidade de cada trajetória de vida.

Planejamento da Mudança

A decisão de mudar para a Rua Caravelas foi precedida por um cuidadoso planejamento, que envolveu desde a busca por um novo lar até a organização de todos os detalhes logísticos da mudança. Preparativos minuciosos foram realizados para garantir uma transição suave e tranquila, minimizando possíveis contratempos e imprevistos.

As etapas desse planejamento incluíram a seleção criteriosa do novo imóvel, considerando aspectos como localização, estrutura e comodidades disponíveis. Além disso, a organização dos pertences, a contratação de serviços de transporte e a definição de um cronograma foram partes essenciais desse processo. Cada passo foi cuidadosamente pensado e executado, visando assegurar que a mudança para a Rua Caravelas fosse bem-sucedida e positiva para todos os envolvidos.

Chegada na Nova Rua

A chegada na Rua Caravelas marcou o início de uma nova fase na vida daqueles que optaram por se estabelecer nesse local. As primeiras impressões foram impactantes e reveladoras, proporcionando um vislumbre do que estava por vir. A atmosfera, as paisagens e a receptividade dos moradores contribuíram para moldar a percepção inicial desse novo ambiente.

Primeiras Impressões

As primeiras impressões ao adentrar a Rua Caravelas foram marcadas por uma sensação de acolhimento e familiaridade. A beleza das ruas arborizadas, o charme das construções e a tranquilidade do entorno foram elementos que cativaram os recém-chegados. A atmosfera serena e aconchegante da nova localidade deixou uma impressão positiva e promissora, despertando a esperança de dias felizes e realizadores.

No entanto, também houve aqueles que experimentaram um impacto inicial desafiador, devido à adaptação a um ambiente completamente novo. A mudança de rotina, a ambientação com os novos vizinhos e a familiarização com os arredores demandaram tempo e esforço, mas, mesmo diante desses desafios, a maioria dos recém-chegados encontrou na Rua Caravelas um lugar que poderiam chamar de lar.

Recepção dos Moradores

A recepção calorosa e amigável dos moradores da Rua Caravelas foi um elemento fundamental na integração dos recém-chegados. A solidariedade e a disposição para ajudar e acolher aqueles que chegavam foram características marcantes da comunidade local. A troca de experiências, a partilha de histórias e a construção de laços de amizade contribuíram para que os novos moradores se sentissem bem-vindos e inseridos no novo ambiente.

Essa integração e relacionamento positivo com os moradores locais desempenhou um papel significativo na construção de um senso de pertencimento e comunidade, fortalecendo os laços afetivos e a sensação de fazer parte de algo maior. A empatia e a colaboração mútua foram pilares fundamentais na construção de um ambiente acolhedor e inclusivo na Rua Caravelas.

Fatos e Estatísticas Rápidos

Chegada na Nova Rua

Recepção dos Moradores

A recepção calorosa e amigável dos moradores da Rua Caravelas foi um elemento fundamental na integração dos recém-chegados. A solidariedade e a disposição para ajudar e acolher aqueles que chegavam foram características marcantes da comunidade local. A troca de experiências, a partilha de histórias e a construção de laços de amizade contribuíram para que os novos moradores se sentissem bem-vindos e inseridos no novo ambiente.

Essa integração e relacionamento positivo com os moradores locais desempenhou um papel significativo na construção de um senso de pertencimento e comunidade, fortalecendo os laços afetivos e a sensação de fazer parte de algo maior. A empatia e a colaboração mútua foram pilares fundamentais na construção de um ambiente acolhedor e inclusivo na Rua Caravelas.

Explorando o Novo Bairro

A descoberta e exploração do novo bairro foram momentos de curiosidade e encantamento para os recém-chegados. Cada esquina, cada estabelecimento e cada ponto de interesse revelavam aspectos singulares e peculiaridades que tornavam a Rua Caravelas um local especial. A adaptação ao ambiente e a assimilação dos novos hábitos e costumes foram parte integrante desse processo de exploração e descoberta.

Descobertas e Curiosidades

As primeiras incursões pelo bairro revelaram uma riqueza de descobertas e curiosidades que despertaram o interesse e a admiração dos recém-chegados. Pontos de interesse como parques, praças, cafés e estabelecimentos comerciais se tornaram locais de exploração e apreciação, proporcionando momentos de encantamento e diversão. A diversidade cultural, a história local e as tradições da Rua Caravelas foram elementos que despertaram a curiosidade e o desejo de conhecer mais a fundo esse novo ambiente.

Além disso, a interação com os moradores locais e a participação em eventos e atividades comunitárias permitiram aos recém-chegados uma imersão mais profunda na vida do bairro, proporcionando uma compreensão mais abrangente e enriquecedora do local em que agora viviam.

Adaptação ao Ambiente

A adaptação ao ambiente da Rua Caravelas envolveu a assimilação de novos hábitos, a compreensão das dinâmicas locais e a integração com a comunidade. Aos poucos, os recém-chegados foram se ajustando e incorporando aspectos do cotidiano do bairro em suas próprias rotinas. A convivência com os vizinhos, a frequência a estabelecimentos locais e a participação em atividades comunitárias foram elementos-chave nesse processo de adaptação.

Essa transição gradual e orgânica permitiu que os novos moradores se sentissem cada vez mais integrados e conectados com a Rua Caravelas, estabelecendo laços afetivos e vínculos significativos com o novo ambiente. A adaptação ao novo bairro representou não apenas uma mudança geográfica, mas também uma transformação pessoal e emocional, marcando o início de uma nova jornada na vida daqueles que escolheram chamar a Rua Caravelas de lar.

CAPÍTULO 3
A Peculiaridade do Novo Lar
Primeiras Impressões

Quando chegamos à nossa nova casa na Rua Caravelas, fomos imediatamente tomados por sensações iniciais de estranheza e curiosidade. A atmosfera do lugar parecia carregada de uma energia peculiar, que despertava em nós um misto de fascínio e apreensão. Cada canto da casa parecia guardar segredos e mistérios, e a sensação de estar em um ambiente tão singular nos deixou intrigados desde o primeiro momento.

Além disso, ao observar detalhadamente o espaço, pudemos notar características intrínsecas à residência que nos despertaram ainda mais curiosidade. Desde a arquitetura até os pequenos detalhes decorativos, tudo parecia ter uma história própria, como se a casa estivesse impregnada de memórias e experiências que transcendiam o tempo e o espaço.

Experiências Sobrenaturais

À medida que os dias passavam, começamos a vivenciar eventos inexplicáveis dentro da casa. Fenômenos estranhos, como ruídos inexplicáveis, objetos que pareciam se mover sozinhos e sombras que se deslocavam rapidamente, nos deixavam perplexos e, por vezes, atemorizados. A presença de algo sobrenatural parecia fazer parte do cotidiano daquela residência, e cada experiência nos levava a questionar a natureza da realidade que nos cercava.

Essas ocorrências sobrenaturais não apenas despertavam em nós um sentimento de medo, mas também nos fascinavam. A dualidade entre o temor do desconhecido e a curiosidade pelo sobrenatural criava um ambiente de constante intriga e mistério, impactando significativamente nossas rotinas e a forma como encarávamos a vida naquele novo lar.

Repercussões na Vida Pessoal

As emoções e sentimentos despertados por essas experiências eram complexos e multifacetados. Sentíamos, ao mesmo tempo, medo diante do desconhecido e fascínio pela possibilidade de desvendar os segredos que a casa guardava. O medo nos impelia a buscar explicações racionais para o que presenciávamos, enquanto o fascínio nos impulsionava a explorar o sobrenatural com uma mente aberta e receptiva.

Essas experiências também refletiam diretamente em nosso bem-estar, desequilibrando nossas emoções e perturbando a tranquilidade que antes tínhamos. O constante estado de alerta e a incerteza em relação ao que poderia acontecer a seguir afetavam nossa paz interior, desafiando-nos a encontrar equilíbrio e tranquilidade em meio ao desconhecido.

CAPÍTULO 4

Experiências Além dos Limites

Vivências Incomuns

Situações Inesperadas

A mudança para a Rua Caravelas trouxe consigo uma série de situações inesperadas, que desafiaram a compreensão convencional da realidade. Fenômenos inexplicáveis e ocorrências surpreendentes passaram a fazer parte do cotidiano, levando os moradores a questionar suas percepções e crenças.

Os relatos de experiências incomuns se multiplicavam entre os habitantes da casa, criando um ambiente de curiosidade e, por vezes, de apreensão. A sensação de estar diante do desconhecido despertava um misto de fascínio e inquietação, levando cada um a buscar explicações para o que presenciavam.

Impacto na Percepção

O impacto dessas vivências incomuns foi profundo, ampliando a compreensão dos moradores sobre os limites da realidade. A percepção do mundo ao redor sofreu uma transformação, levando a questionamentos sobre a natureza da existência e a possibilidade de fenômenos além do que se considera comum.

Essas experiências desafiaram as crenças estabelecidas, abrindo espaço para reflexões sobre a interseção entre o que é conhecido e o que ainda não se compreende totalmente. A busca por respostas levou a uma jornada de autoconhecimento e exploração do desconhecido.

Fatos e Estatísticas Rápidos

Vivências Incomuns

Impacto na Percepção

O impacto dessas vivências incomuns foi profundo, ampliando a compreensão dos moradores sobre os limites da realidade. A percepção do mundo ao redor sofreu uma transformação, levando a questionamentos sobre a natureza da existência e a possibilidade de fenômenos além do que se considera comum.

Essas experiências desafiaram as crenças estabelecidas, abrindo espaço para reflexões sobre a interseção entre o que é conhecido e o que ainda não se compreende totalmente. A busca por respostas levou a uma jornada de autoconhecimento e exploração do desconhecido.

Interseção entre Realidade e Sobrenatural

Fronteira Tênue

A convivência na Casa da Rua Caravelas revelou a existência de uma fronteira tênue entre o que é considerado comum e o extraordinário. Eventos que desafiavam a lógica e a explicação racional se entrelaçavam com a rotina diária, levando os moradores a questionar a própria noção de normalidade.

A percepção do sobrenatural como algo distante e fictício deu lugar a uma compreensão mais sutil e complexa, na qual a fronteira entre os dois mundos se mostrava cada vez mais fluida e permeável.

Questionamentos e Reflexões

Diante dessa interseção entre realidade e sobrenatural, surgiram questionamentos profundos sobre a natureza da existência e a extensão do conhecimento humano. Os moradores se viram imersos em reflexões que transcendiam as explicações convencionais, buscando compreender o que estava além do alcance da razão.

Essa exploração do desconhecido levou a uma jornada de autodescoberta e expansão da consciência, desafiando as estruturas mentais e emocionais estabelecidas. A busca por respostas se tornou uma busca por significado e compreensão do mundo que os cercava.

Desafios e Aprendizados

Adaptação e Resiliência

A convivência com experiências além dos limites impôs desafios significativos, exigindo dos moradores uma capacidade de adaptação e resiliência diante do inesperado. Superar obstáculos que escapavam à compreensão comum se tornou uma necessidade, levando a um fortalecimento interior e uma ampliação da capacidade de enfrentar o desconhecido.

A resiliência demonstrada diante desses desafios foi um testemunho da força interior dos moradores, que encontraram em si mesmos a capacidade de superar as adversidades e se adaptar a uma nova realidade, repleta de mistérios e incertezas.

Lições Significativas

As experiências além dos limites proporcionaram aprendizados profundos, que transcendiam as barreiras do conhecido e do previsível. Cada desafio enfrentado, cada questionamento explorado, trouxe consigo lições significativas sobre a natureza da vida e a complexidade do universo.

O confronto com o desconhecido se revelou uma oportunidade de crescimento e transformação, permitindo que os moradores expandissem suas percepções e compreensões, abrindo-se para um novo entendimento da existência e das forças que atuam além do que os olhos podem ver.

CAPÍTULO 5

Características Paranormais da Residência

Manifestações Sobrenaturais

A Casa da Rua Caravelas é conhecida por suas manifestações sobrenaturais, que têm intrigado os moradores e despertado o interesse de pesquisadores e curiosos. Fenômenos inexplicáveis, como objetos que se movem sozinhos, luzes que piscam sem explicação e ruídos misteriosos, são frequentemente relatados pelos habitantes da casa.

As ocorrências incomuns têm desafiado a compreensão convencional da realidade, levando muitos a questionar a natureza do sobrenatural e a buscar explicações para tais eventos que fogem à lógica comum.

Fenômenos Inexplicáveis

Os fenômenos inexplicáveis observados na residência vão além do que pode ser facilmente explicado pela ciência ou pela razão. Testemunhas relatam experiências que desafiam as leis naturais conhecidas, levantando questões sobre a existência de forças além do nosso entendimento atual.

Evidências e Testemunhos

Além dos relatos verbais, há evidências físicas e testemunhos que corroboram as manifestações sobrenaturais na Casa da Rua Caravelas. Fotografias, gravações de áudio e vídeos capturados por moradores e pesquisadores fornecem indícios tangíveis desses eventos, contribuindo para a investigação e o estudo mais aprofundado do fenômeno.

Citações Famosas

"A verdade é que os fantasmas nunca nos deixam, eles apenas mudam de forma e continuam a assombrar os vivos." - Desconhecido

"Quando você olha para o abismo, o abismo também olha para você." - Friedrich Nietzsche

"A mente que se abre a uma nova ideia jamais voltará ao seu tamanho original." - Albert Einstein

"A imaginação é a única arma na guerra contra a realidade." - Lewis Carroll

"A verdadeira viagem de descobrimento não consiste em procurar novas paisagens, mas em ter novos olhos." - Marcel Proust

Características Paranormais da Residência

Manifestações Sobrenaturais

Evidências e Testemunhos

Além dos relatos verbais, há evidências físicas e testemunhos que corroboram as manifestações sobrenaturais na Casa da Rua Caravelas. Fotografias, gravações de áudio e vídeos capturados por moradores e pesquisadores fornecem indícios tangíveis desses eventos, contribuindo para a investigação e o estudo mais aprofundado do fenômeno.

Investigação e Estudo

O interesse em compreender as manifestações paranormais na residência levou à realização de investigações e estudos científicos. Pesquisadores, parapsicólogos e equipes especializadas têm se dedicado a analisar e documentar as ocorrências, buscando uma abordagem racional e fundamentada para compreender o que está por trás desses fenômenos.

Análise Científica

A abordagem científica adotada na investigação das manifestações sobrenaturais envolve a aplicação de métodos e técnicas de análise rigorosa. Equipamentos de medição, registros de dados e protocolos de observação são empregados para coletar informações que possam lançar luz sobre a natureza desses eventos.

Pesquisa e Documentação

A pesquisa e documentação das ocorrências paranormais são fundamentais para a construção de um corpo de conhecimento sólido sobre o tema. A coleta de dados, a catalogação de relatos e a preservação de evidências são etapas essenciais para a compreensão e a análise aprofundada do fenômeno.

Impacto na Vida Cotidiana

Conviver com o paranormal pode ter um impacto significativo na vida cotidiana dos moradores da Casa da Rua Caravelas. A adaptação e a convivência com as manifestações sobrenaturais requerem cuidados e precauções para garantir o bem-estar e o equilíbrio emocional diante dessas experiências incomuns.

Convivendo com o Paranormal

A adaptação ao convívio com o paranormal envolve a compreensão e a aceitação das manifestações sobrenaturais, bem como a busca por estratégias para lidar com essas experiências de forma saudável e equilibrada. A criação de um ambiente que proporcione segurança e conforto diante do desconhecido é essencial para a harmonia na residência.

Bem-Estar e Equilíbrio

Os cuidados e precauções adotados visam preservar o bem-estar e o equilíbrio dos moradores diante das manifestações paranormais. A promoção de um ambiente tranquilo, a busca por apoio emocional e a adoção de práticas que fortaleçam a saúde mental são aspectos fundamentais para enfrentar os desafios que surgem do convívio com o sobrenatural.

CAPÍTULO 6

Cuidando do Bem-Estar Espiritual
Necessidades Espirituais
Busca por Equilíbrio

A busca por equilíbrio espiritual é essencial para a harmonia interior. Em meio às adversidades da vida, é natural que busquemos um estado de equilíbrio que nos permita lidar com os desafios de forma mais serena e consciente. Encontrar esse equilíbrio requer autoconhecimento, práticas espirituais e um olhar atento para as necessidades da alma.

Para alcançar a harmonia interior, muitas pessoas recorrem a atividades que promovem o bem-estar espiritual, como a meditação, a reflexão e a conexão com a natureza. Essas práticas auxiliam na busca pelo equilíbrio, proporcionando momentos de paz e tranquilidade que são fundamentais para o cuidado da espiritualidade.

Conexão com o Divino

A conexão com o divino é uma dimensão importante da espiritualidade. Independentemente da religião ou crença, a busca por uma conexão mais profunda com algo maior do que nós mesmos é uma necessidade espiritual fundamental. Essa conexão pode se manifestar de diferentes formas, seja por meio da oração, da contemplação da natureza, da prática de rituais religiosos ou da vivência de valores espirituais no dia a dia.

A religiosidade e espiritualidade desempenham um papel significativo no cuidado do bem-estar espiritual, oferecendo suporte e orientação para lidar com as questões mais profundas da existência. A busca por essa conexão com o divino pode trazer conforto, esperança e um sentido maior para a vida, contribuindo para a construção de uma base sólida para o equilíbrio espiritual.

Práticas de Bem-Estar

Meditação e Reflexão

A meditação e a reflexão são práticas que têm o poder de cultivar a paz interior e promover o equilíbrio espiritual. Através da meditação, é possível acalmar a mente, reduzir o estresse e conectar-se consigo mesmo de forma mais profunda. A prática regular da meditação pode trazer benefícios significativos para o bem-estar espiritual, proporcionando momentos de serenidade e clareza mental.

Da mesma forma, a reflexão sobre questões existenciais e valores pessoais pode auxiliar no processo de autoconhecimento e no fortalecimento da espiritualidade. Ao reservar um tempo para refletir sobre a vida, os propósitos e as experiências vividas, é possível encontrar respostas e insights que contribuem para o desenvolvimento espiritual.

Rituais e Orações

Os rituais e as orações são expressões de fé e devoção que desempenham um papel fundamental no fortalecimento espiritual. A prática de rituais religiosos, como celebrações, cerimônias e ritos, proporciona um espaço para a conexão com o divino e a comunidade, fortalecendo os laços espirituais e promovendo um senso de pertencimento e significado.

Além disso, a oração é uma forma poderosa de estabelecer uma conexão íntima com o divino, expressar gratidão, buscar orientação e encontrar conforto em momentos de dificuldade. A prática regular de orações pode oferecer suporte espiritual e emocional, fortalecendo a fé e a esperança no cuidado do bem-estar espiritual.

Leitura Adicional
Cuidando do Bem-Estar Espiritual
Práticas de Bem-Estar
Rituais e Orações

Os rituais e as orações são expressões de fé e devoção que desempenham um papel fundamental no fortalecimento espiritual. A prática de rituais religiosos, como celebrações, cerimônias e ritos, proporciona um espaço para a conexão com o divino e a comunidade, fortalecendo os laços espirituais e promovendo um senso de pertencimento e significado.

Além disso, a oração é uma forma poderosa de estabelecer uma conexão íntima com o divino, expressar gratidão, buscar orientação e encontrar conforto em momentos de dificuldade. A prática regular de orações pode oferecer suporte espiritual e emocional, fortalecendo a fé e a esperança no cuidado do bem-estar espiritual.

Apoio Comunitário

Rede de Apoio

Contar com uma rede de apoio comunitário é fundamental para o cuidado do bem-estar espiritual. O compartilhamento de experiências, a troca de vivências e o acolhimento mútuo fortalecem os laços de solidariedade e empatia, criando um ambiente propício para o crescimento espiritual e emocional. A conexão com outros indivíduos que compartilham valores e crenças semelhantes pode oferecer suporte e encorajamento nos momentos de desafio.

Além disso, a participação em comunidades religiosas ou grupos espirituais proporciona um espaço para o cultivo da espiritualidade em conjunto, promovendo a união, a compreensão e a colaboração em prol do bem-estar coletivo.

Acolhimento e Compreensão

A solidariedade e a empatia são valores essenciais no cuidado do bem-estar espiritual. O acolhimento e a compreensão mútua dentro de uma comunidade fortalecem os vínculos afetivos e promovem um ambiente de apoio e segurança emocional. A capacidade de compreender as experiências alheias, oferecer suporte emocional e acolher aqueles que buscam amparo é fundamental para a construção de um ambiente comunitário saudável e acolhedor.

O cuidado do bem-estar espiritual não se restringe apenas ao âmbito individual, mas também se estende à comunidade como um todo. Ao promover a solidariedade e a empatia, é possível criar um ambiente que favoreça o crescimento espiritual e o fortalecimento dos laços de união e fraternidade.

CAPÍTULO 7
Integração no Novo Bairro
Explorando o Entorno

A mudança para a Rua Caravelas trouxe consigo a oportunidade de explorar um novo entorno, repleto de descobertas e potenciais conexões. Ao conhecer os arredores, os moradores da casa puderam se familiarizar com as ruas, praças, comércios locais e demais pontos de interesse que compõem a vizinhança.

A descoberta da vizinhança foi um processo gradual, marcado por caminhadas exploratórias e conversas com outros moradores. A cada esquina, uma nova surpresa aguardava, revelando a riqueza e diversidade do bairro. A interação com o ambiente local proporcionou uma compreensão mais profunda da dinâmica comunitária e das oportunidades existentes.

Conhecendo os Arredores

Ao conhecer os arredores, os moradores puderam identificar os principais estabelecimentos comerciais, como mercados, padarias, farmácias e restaurantes. Além disso, a proximidade de parques, praças e espaços de lazer contribuiu para a percepção de um ambiente propício ao convívio e à qualidade de vida.

Participação Comunitária

A participação comunitária se revelou como um elemento fundamental para a integração no novo bairro. Através do engajamento em eventos locais, feiras de rua e atividades promovidas por instituições da região, os moradores puderam estabelecer laços e contribuir para a construção de um ambiente mais acolhedor e inclusivo.

Pense e Reflita
Integração no Novo Bairro
Explorando o Entorno
Participação Comunitária

A participação comunitária se revelou como um elemento fundamental para a integração no novo bairro. Através do engajamento em eventos locais, feiras de rua e atividades promovidas por instituições da região, os moradores puderam estabelecer laços e contribuir para a construção de um ambiente mais acolhedor e inclusivo.

Relacionamentos e Vínculos

A construção de amizades e relacionamentos significativos foi um aspecto enriquecedor da experiência na Rua Caravelas. A interação com os vizinhos possibilitou o estabelecimento de laços afetivos e a criação de uma rede de apoio mútuo, fundamentais para a sensação de pertencimento e acolhimento.

Laços Afetivos

Os laços afetivos estabelecidos com os vizinhos foram fundamentais para a construção de um ambiente acolhedor e solidário. A troca de experiências, a ajuda mútua e a convivência amistosa contribuíram para o fortalecimento dos vínculos comunitários e para a promoção de um ambiente mais harmonioso e unido.

Convivência Harmoniosa

O respeito e a compreensão mútua foram pilares essenciais para a convivência harmoniosa no novo bairro. A valorização das diferenças, a empatia e a disposição para resolver conflitos de forma pacífica foram elementos-chave na promoção de um ambiente comunitário saudável e inclusivo.

Desafios e Oportunidades

A adaptação e resiliência diante dos desafios encontrados no novo bairro foram oportunidades para o crescimento pessoal e o desenvolvimento de novas habilidades. Superar as dificuldades e explorar novas possibilidades se revelou como um caminho para a construção de uma experiência enriquecedora e significativa na Rua Caravelas.

Superando Dificuldades

A superação das dificuldades enfrentadas no processo de integração no novo bairro demandou resiliência, flexibilidade e perseverança. A capacidade de adaptar-se a novas situações e de encontrar soluções criativas foi fundamental para a construção de um ambiente acolhedor e para a promoção de relações positivas com a comunidade local.

Crescimento e Desenvolvimento

A exploração de novas possibilidades e a disposição para experimentar novas experiências foram catalisadores para o crescimento e desenvolvimento pessoal. A abertura para o novo, aliada à determinação em enfrentar desafios, proporcionou um ambiente propício para a expansão de horizontes e para a descoberta de novas potencialidades.

CAPÍTULO 8
O Sentimento de Deslocamento
Estranhamento e Desconforto

A mudança para a Rua Caravelas trouxe consigo uma série de desafios emocionais, sendo o estranhamento e o desconforto alguns dos primeiros sentimentos enfrentados. A sensação de não pertencimento, muitas vezes acompanhada de isolamento e desconexão, pode gerar um impacto significativo na vida cotidiana. A adaptação a um novo ambiente, especialmente quando este apresenta peculiaridades sobrenaturais, pode ser um verdadeiro teste para a autoestima e o equilíbrio emocional.

É comum que a mudança para um local desconhecido gere um sentimento de deslocamento, onde a sensação de pertencer a um lugar parece distante e inatingível. O confronto com o desconhecido pode desencadear desafios emocionais que demandam atenção e cuidado para serem superados.

Sensação de Não Pertencimento

O sentimento de não pertencimento pode se manifestar de diversas formas, desde a sensação de estar fora de lugar até a percepção de não se encaixar no novo ambiente. Essa experiência pode levar à busca por conexões e vínculos que possam trazer uma sensação de pertencimento e acolhimento. No entanto, o processo de adaptação muitas vezes requer tempo e paciência para que esses laços sejam construídos de forma sólida e significativa.

O isolamento e a desconexão podem surgir como consequência desse sentimento, tornando a integração no novo ambiente um desafio adicional a ser enfrentado. A compreensão e o acolhimento por parte da comunidade local desempenham um papel fundamental na superação desse obstáculo, proporcionando um ambiente mais receptivo e facilitando a construção de novos laços.

Impacto na Autoestima

O impacto na autoestima decorrente do sentimento de deslocamento pode ser significativo, afetando a percepção individual sobre si mesmo e suas capacidades. A sensação de não pertencimento pode desencadear desafios emocionais que demandam atenção e cuidado para serem superados. A busca por aceitação e reconhecimento no novo ambiente pode se tornar uma jornada desafiadora, exigindo resiliência e autoconfiança para enfrentar as adversidades.

É importante reconhecer que o impacto na autoestima é uma reação natural diante de um ambiente desconhecido e, muitas vezes, desafiador. A busca por apoio emocional e a prática de cuidados pessoais são fundamentais para fortalecer a autoestima e promover um processo de adaptação mais saudável e equilibrado.

Você Sabia?

O Sentimento de Deslocamento

Estranhamento e Desconforto

Impacto na Autoestima

O impacto na autoestima decorrente do sentimento de deslocamento pode ser significativo, afetando a percepção individual sobre si mesmo e suas capacidades. A sensação de não pertencimento pode desencadear desafios emocionais que demandam atenção e cuidado para serem superados. A busca por aceitação e reconhecimento no novo ambiente pode se tornar uma jornada desafiadora, exigindo resiliência e autoconfiança para enfrentar as adversidades.

É importante reconhecer que o impacto na autoestima é uma reação natural diante de um ambiente desconhecido e, muitas vezes, desafiador. A busca por apoio emocional e a prática de cuidados pessoais são fundamentais para fortalecer a autoestima e promover um processo de adaptação mais saudável e equilibrado.

Busca por Identidade

Diante do sentimento de deslocamento, a busca por identidade e pertencimento se torna uma jornada pessoal de autoconhecimento e autodescoberta. Explorar a própria identidade e compreender como ela se encaixa no novo contexto é essencial para superar os desafios emocionais e reconstruir os laços afetivos e sociais no novo lar.

Autoconhecimento e Autodescoberta

A mudança para um novo ambiente pode desencadear um processo de autoconhecimento profundo, levando a uma reflexão sobre a própria identidade, valores e aspirações. A exploração da própria história e experiências anteriores pode fornecer insights valiosos para a construção de uma identidade sólida e autêntica, capaz de enfrentar os desafios do deslocamento e da adaptação.

É durante esse processo de autodescoberta que se torna possível reconhecer as próprias forças e fraquezas, bem como identificar os recursos internos que podem ser mobilizados para superar os obstáculos emocionais. A busca por identidade se torna, portanto, uma jornada de crescimento pessoal e fortalecimento interior.

Aceitação e Pertencimento

Encontrar um lugar de aceitação e pertencimento no novo ambiente é essencial para superar o sentimento de deslocamento. A construção de novos vínculos e relacionamentos, aliada à aceitação de si mesmo e das próprias experiências, contribui para a reconstrução do sentido de lar e comunidade. A busca por pertencimento é um processo gradual, que demanda paciência e abertura para novas conexões e experiências.

A aceitação do novo ambiente e a construção de um senso de pertencimento são fundamentais para a superação do deslocamento, promovendo um ambiente emocionalmente acolhedor e propício ao desenvolvimento de novos laços afetivos e sociais.

Superando o Deslocamento

A superação do deslocamento requer um processo de adaptação e integração que envolve enfrentar desafios e reconstruir os laços afetivos e sociais no novo lar. A resiliência e a determinação desempenham um papel fundamental nesse processo, permitindo que se enfrente as adversidades com coragem e perseverança.

Adaptação e Integração

A adaptação ao novo ambiente demanda flexibilidade e abertura para novas experiências e aprendizados. A integração na comunidade local, a participação em atividades sociais e a busca por oportunidades de envolvimento contribuem para a construção de novos laços e relacionamentos significativos. A superação do deslocamento requer, portanto, uma postura ativa e engajada na construção de uma nova realidade.

Enfrentar os desafios emocionais e sociais com resiliência e determinação é essencial para promover uma adaptação saudável e equilibrada, permitindo a reconstrução do sentido de lar e pertencimento no novo ambiente.

Reconstrução do Sentido de Lar

A reconstrução do sentido de lar envolve a construção de novos vínculos e relacionamentos, bem como a criação de um ambiente emocionalmente acolhedor e propício ao desenvolvimento pessoal. A busca por pertencimento e aceitação no novo ambiente é um processo gradual, que demanda tempo, paciência e abertura para novas conexões e experiências.

Construir novos laços afetivos e sociais, aliado à aceitação do novo ambiente e da própria identidade, é fundamental para superar o deslocamento e promover um ambiente emocionalmente acolhedor e propício ao desenvolvimento pessoal.

CAPÍTULO 9
Conflitos com a Vizinha Mais Velha
Diferenças Geracionais

A mudança para a Rua Caravelas trouxe consigo a convivência próxima com vizinhos de diferentes idades, experiências e perspectivas de vida. As diferenças geracionais, embora enriquecedoras, também deram origem a conflitos de convivência que demandaram compreensão e respeito mútuo.

Os desentendimentos cotidianos surgiram, em parte, devido à falta de alinhamento nas expectativas e na forma de lidar com questões do dia a dia. Pequenos atritos, muitas vezes originados em costumes e hábitos distintos, contribuíram para um ambiente de tensão entre os moradores.

Diante desse cenário, tornou-se essencial promover o respeito e a tolerância, reconhecendo que as diferenças geracionais são uma oportunidade de aprendizado e crescimento mútuo. A compreensão das perspectivas alheias se revelou fundamental para a busca de harmonia no convívio diário.

Comunicação e Confronto

O diálogo e a negociação se mostraram ferramentas essenciais na resolução dos conflitos com a vizinha mais velha. A abertura para ouvir e compreender as preocupações e pontos de vista uns dos outros possibilitou a identificação de soluções que atendessem às necessidades de ambas as partes.

A resolução de conflitos demandou a estabelecimento de limites e espaço pessoal, de modo a garantir o respeito mútuo e a preservação da individualidade. A definição clara de fronteiras e a delimitação de áreas de convivência foram passos importantes na busca por uma convivência pacífica e harmoniosa.

Os confrontos, embora desafiadores, representaram oportunidades de crescimento e fortalecimento das relações interpessoais. A superação das divergências por meio do diálogo e da negociação contribuiu para o fortalecimento dos laços comunitários e o desenvolvimento de habilidades de resolução de conflitos.

Em busca de Harmonia

A promoção da harmonia e da convivência pacífica tornou-se um objetivo compartilhado por todos os moradores da Rua Caravelas. A busca pela paz no ambiente residencial envolveu ações concretas, como a promoção do respeito mútuo e a valorização das diferenças como fonte de enriquecimento pessoal e comunitário.

Os conflitos vivenciados representaram oportunidades de aprendizado e crescimento, permitindo a extração de lições valiosas sobre a importância da empatia, da compreensão e da busca por soluções que atendessem aos interesses coletivos. A superação das adversidades fortaleceu os laços comunitários e reforçou a importância do apoio mútuo na construção de um ambiente harmonioso.

As lições extraídas dos conflitos contribuíram para o amadurecimento pessoal e comunitário, promovendo um ambiente de convivência mais solidário, empático e colaborativo. A superação das diferenças geracionais representou um marco na construção de relações mais harmoniosas e significativas entre os moradores da Rua Caravelas.

CAPÍTULO 10
Natureza Reservada e Perturbação da Vizinha
Privacidade e Individualidade

Ao mudar para a Rua Caravelas, o protagonista se viu em busca de um espaço pessoal que refletisse sua individualidade e proporcionasse momentos de introspecção. A necessidade de valorizar o próprio espaço e a privacidade se tornou evidente, pois a tranquilidade e a liberdade de se expressar são elementos essenciais para o bem-estar emocional e mental.

A incompreensão e a sensação de invasão por parte da vizinha mais velha tiveram um impacto significativo na rotina do protagonista. A perturbação da vizinha, que parecia não respeitar os limites e a necessidade de privacidade, gerou um desconforto que afetou a harmonia do novo lar.

Percepções Divergentes

As diferenças de estilo de vida entre o protagonista e a vizinha mais velha se tornaram evidentes, resultando em conflitos de interesses e percepções divergentes sobre o que significa viver em harmonia em um mesmo ambiente. Enquanto o protagonista buscava um espaço tranquilo e reservado, a vizinha parecia não compreender a importância desses valores.

Apesar das divergências, o protagonista buscou cultivar o respeito mútuo e a compreensão das diferenças. Reconhecer que cada indivíduo possui suas próprias necessidades e perspectivas foi fundamental para lidar com os desafios apresentados pela convivência com a vizinha.

Estabelecendo Limites

A comunicação clara e direta se mostrou essencial para definir expectativas e estabelecer limites que respeitassem a individualidade de ambas as partes. O protagonista buscou expressar suas necessidades e ouvir as preocupações da vizinha, visando encontrar um equilíbrio que permitisse a convivência pacífica e a preservação da privacidade.

A negociação e o acordo mútuo se tornaram ferramentas importantes para encontrar soluções que atendessem às necessidades de ambas as partes. Encontrar um equilíbrio que respeitasse a natureza reservada do protagonista e, ao mesmo tempo, promovesse a harmonia na vizinhança foi um desafio que exigiu compreensão, empatia e flexibilidade.

CAPÍTULO 11

Inserção Indesejada na Rotina

Invasão de Espaço e Rotina

A chegada de elementos indesejados na rotina diária pode ter um impacto significativo na privacidade e no funcionamento habitual do lar. Interrupções indevidas, sejam elas de origem externa ou interna, podem causar desconforto e desorganização, afetando a harmonia do ambiente.

Impacto na Privacidade

Quando a privacidade é invadida por interferências externas, como visitas inesperadas ou barulhos excessivos, as interrupções indevidas podem gerar um sentimento de vulnerabilidade e exposição, afetando a sensação de segurança e tranquilidade no lar.

Interrupções Indevidas

As interrupções indevidas na privacidade podem ocorrer de diversas formas, desde invasões de espaço físico até violações da privacidade digital, impactando negativamente a sensação de segurança e bem-estar dos moradores.

Desconforto e Desorganização

A quebra da rotina devido a invasões indesejadas pode gerar desconforto e desorganização no ambiente doméstico. A falta de previsibilidade e controle sobre o próprio espaço pode causar estresse e impactar a qualidade de vida dos moradores.

Quebra da Rotina

A quebra da rotina devido a interferências externas pode resultar em desorganização e dificuldade em manter hábitos saudáveis, levando a um ambiente menos acolhedor e propício ao bem-estar.

Pense e Reflita
Invasão de Espaço e Rotina
Desconforto e Desorganização
Quebra da Rotina

A quebra da rotina devido a interferências externas pode resultar em desorganização e dificuldade em manter hábitos saudáveis, levando a um ambiente menos acolhedor e propício ao bem-estar.

Consequências na Saúde Mental

Os efeitos da inserção indesejada na rotina podem se refletir na saúde mental dos moradores, resultando em estresse, ansiedade e a necessidade de restabelecer o equilíbrio emocional e psicológico.

Estresse e Ansiedade

A sobrecarga emocional causada pela invasão do espaço e da rotina pode desencadear níveis elevados de estresse e ansiedade, impactando negativamente a saúde mental e o bem-estar dos moradores.

Sobrecarga Emocional

A sobrecarga emocional resultante da inserção indesejada na rotina pode manifestar-se em sintomas físicos e emocionais, afetando a capacidade de lidar com as demandas do dia a dia e comprometendo a qualidade de vida.

Equilíbrio e Bem-Estar

A necessidade de restabelecer o equilíbrio e o bem-estar após a inserção indesejada na rotina é fundamental para preservar a saúde mental e emocional dos moradores, promovendo um ambiente acolhedor e propício ao desenvolvimento pessoal.

Necessidade de Harmonia

A busca pela harmonia e equilíbrio emocional torna-se essencial para lidar com as consequências da inserção indesejada na rotina, promovendo a recuperação do bem-estar e a manutenção de um ambiente saudável e acolhedor.

Estabelecendo Limites e Fronteiras

Diante dos desafios apresentados pela inserção indesejada na rotina, a comunicação assertiva e o estabelecimento de limites e fronteiras tornam-se estratégias fundamentais para preservar a privacidade e o bem-estar dos moradores.

Comunicação Assertiva

A expressão clara e direta dos limites e necessidades dos moradores é essencial para estabelecer fronteiras e promover um ambiente de respeito mútuo e compreensão.

Expressão de Limites

A expressão assertiva dos limites pessoais e familiares é fundamental para garantir a preservação da privacidade e do bem-estar, promovendo um ambiente de convivência saudável e respeitosa.

Respeito Mútuo

A negociação e o acordo mútuo são essenciais para estabelecer limites e fronteiras que respeitem as necessidades e o espaço de cada morador, promovendo um ambiente de convivência harmoniosa e acolhedora.

Negociação e Acordo

O diálogo e a negociação são ferramentas poderosas para estabelecer acordos que promovam o respeito mútuo e a preservação da privacidade e do bem-estar no ambiente doméstico, contribuindo para a construção de um lar acolhedor e harmonioso.

CAPÍTULO 12

Enfrentando Desafios ao Longo dos Anos

Adaptação e Resiliência

A vida é repleta de mudanças e desafios que exigem adaptação e resiliência. A capacidade de se ajustar a novas circunstâncias e superar obstáculos é essencial para enfrentar os altos e baixos ao longo dos anos.

Mudança e Flexibilidade

A necessidade de adaptação se manifesta em diferentes momentos da vida. Seja em uma mudança de residência, no ambiente de trabalho ou em relacionamentos, a flexibilidade para se ajustar a novas realidades é fundamental. Muitas vezes, somos desafiados a sair da zona de conforto e encarar situações inesperadas, o que requer uma postura aberta e maleável diante das mudanças.

É importante compreender que a mudança faz parte da jornada humana, e a capacidade de se adaptar a novas condições é um atributo valioso. A flexibilidade mental e emocional nos permite lidar com transições de forma mais suave, promovendo um crescimento pessoal significativo.

Persistência e Determinação

Superar obstáculos ao longo dos anos requer persistência e determinação. Muitas vezes, nos deparamos com desafios que parecem intransponíveis, mas é a resiliência que nos impulsiona a seguir em frente. A capacidade de manter o foco e a determinação diante das adversidades é fundamental para alcançar nossos objetivos e superar as dificuldades que surgem em nosso caminho.

É importante lembrar que a persistência não significa apenas continuar no mesmo caminho, mas também saber quando é necessário ajustar a rota. A capacidade de adaptar estratégias e buscar novas soluções é uma demonstração de força e determinação diante dos desafios que a vida nos apresenta.

Teste Seu Conhecimento

Responda as perguntas a seguir para testar seu conhecimento sobre o capítulo "Enfrentando Desafios ao Longo dos Anos".

1. O que é resiliência e por que é importante ao enfrentar desafios?
2. Qual a diferença entre persistência e teimosia?
3. Por que é importante saber quando é necessário ajustar a rota ao enfrentar obstáculos?
4. Como a capacidade de adaptação pode ajudar a superar desafios ao longo dos anos?

Apoio e Recursos

Contar com uma rede de apoio social e ter acesso a ferramentas de enfrentamento é fundamental para lidar com os desafios ao longo dos anos. O suporte emocional e prático oferecido por amigos, familiares e colegas pode fazer toda a diferença durante períodos difíceis.

Rede de Apoio Social

A importância das relações interpessoais se revela nos momentos de dificuldade. Ter pessoas em quem confiar, com quem compartilhar preocupações e receber encorajamento é essencial para manter a saúde emocional e enfrentar os desafios com mais resiliência. O apoio social fortalece os laços afetivos e promove um senso de pertencimento e acolhimento, fundamentais para o bem-estar emocional.

Ferramentas de Enfrentamento

Além do suporte social, é importante ter acesso a ferramentas e estratégias para lidar com os desafios ao longo da vida. Isso pode incluir recursos como terapia, coaching, grupos de apoio, livros e materiais educativos que ofereçam orientação e suporte para enfrentar dificuldades específicas. A busca por recursos que promovam o desenvolvimento pessoal e emocional é uma atitude proativa que contribui significativamente para a superação de obstáculos.

Crescimento Pessoal

Enfrentar desafios ao longo dos anos não apenas nos fortalece, mas também nos proporciona oportunidades de crescimento pessoal. Através do autoconhecimento, do aprendizado com as experiências vividas e do fortalecimento da autoconfiança, somos capazes de transformar os desafios em oportunidades de evolução.

Autoconhecimento e Autodesenvolvimento

O enfrentamento de desafios nos convida a olhar para dentro de nós mesmos, a compreender nossas reações, limitações e potenciais. O autoconhecimento nos permite identificar áreas de melhoria, reconhecer nossos pontos fortes e fracos, e desenvolver uma consciência mais profunda sobre quem somos e o que desejamos alcançar. Através desse processo, somos capazes de aprender com as experiências vividas e nos tornar versões mais autênticas e realizadas de nós mesmos.

Empoderamento e Autoconfiança

O enfrentamento bem-sucedido de desafios ao longo dos anos fortalece nossa autoconfiança e senso de empoderamento. A superação de obstáculos, a conquista de metas e a resiliência diante das adversidades nos capacitam a enfrentar novos desafios com mais segurança e determinação. O empoderamento pessoal resultante dessas experiências nos permite assumir o controle de nossas vidas e nos tornar agentes ativos na construção de nosso próprio destino.

CAPÍTULO 13
Procurando uma Nova Casa
Reflexão sobre Necessidades

A decisão de procurar uma nova casa é um marco significativo na vida de qualquer pessoa. Antes de iniciar essa jornada, é essencial realizar uma reflexão profunda sobre as necessidades e desejos em relação ao novo lar. A identificação dos requisitos fundamentais, como espaço, localização e comodidades, desempenha um papel crucial nesse processo de busca.

Avaliar o espaço necessário para acomodar a família de forma confortável e funcional é o primeiro passo. Além disso, considerar a proximidade de serviços essenciais, como escolas, hospitais e supermercados, é fundamental para garantir a comodidade no dia a dia.

As prioridades e preferências individuais também devem ser levadas em conta. Fatores determinantes, como a segurança do bairro, a infraestrutura da região e a proximidade do local de trabalho, podem influenciar significativamente a escolha do novo lar.

Pesquisa e Exploração

Uma vez estabelecidos os requisitos e prioridades, inicia-se a fase de pesquisa e exploração do mercado imobiliário. Analisar as opções disponíveis, seja por meio de agências imobiliárias, sites especializados ou contatos pessoais, é essencial para ampliar o leque de possibilidades.

A análise criteriosa das diferentes alternativas, levando em consideração aspectos como o tamanho do imóvel, a distribuição dos cômodos, a estrutura do edifício e as amenidades oferecidas, permite uma avaliação mais precisa das opções disponíveis.

Além disso, realizar visitas e avaliações presenciais dos imóveis selecionados é fundamental. Essa etapa possibilita uma inspeção detalhada das condições do imóvel, a verificação da vizinhança e a consideração de outros fatores relevantes para a tomada de decisão.

Tomada de Decisão

Após a fase de pesquisa e exploração, chega o momento de realizar a avaliação de custos e viabilidade financeira. Estabelecer um orçamento claro e realista, considerando não apenas o valor do imóvel, mas também os custos adicionais, como taxas, impostos e despesas de mudança, é essencial para uma decisão consciente.

Avaliar a capacidade de financiamento, a disponibilidade de recursos próprios e a projeção de gastos futuros permite uma análise mais abrangente da viabilidade de cada opção. Com base nesses dados, é possível chegar a uma conclusão fundamentada e, se for o caso, iniciar o processo de negociação e formalização da aquisição do novo lar.

A negociação e formalização do contrato de compra ou aluguel demandam atenção aos detalhes e clareza nas condições estabelecidas. Buscar o auxílio de profissionais especializados, como corretores imobiliários e advogados, pode proporcionar segurança e respaldo jurídico nesse processo.

CAPÍTULO 14

Cultivando Sempre a Esperança

Resiliência e Otimismo

A resiliência é a capacidade de enfrentar as adversidades e superá-las, mesmo diante das circunstâncias mais desafiadoras. É a força interior que nos impulsiona a seguir em frente, mesmo quando tudo parece difícil. Cultivar a resiliência é fundamental para lidar com as dificuldades que surgem em nossas vidas.

O otimismo, por sua vez, é a crença de que o futuro reserva coisas boas, mesmo diante das situações mais difíceis. Ter uma visão positiva da vida e das circunstâncias é um elemento essencial para manter a esperança viva, mesmo nos momentos mais sombrios.

Força Interior

A força interior é a base da resiliência. Ela nos dá a coragem e a determinação necessárias para enfrentar os desafios que surgem em nosso caminho. É a capacidade de encontrar recursos internos, mesmo quando nos sentimos frágeis, e seguir em frente, buscando soluções e aprendizados em cada obstáculo.

Capacidade de Superação

A capacidade de superação está intrinsecamente ligada à força interior. É a habilidade de encontrar uma saída, mesmo nas situações mais complicadas, e de transformar as dificuldades em oportunidades de crescimento. Acreditar em nossa capacidade de superar os desafios é essencial para manter a esperança viva.

Visão Positiva

A visão positiva nos permite enxergar além das dificuldades do presente e visualizar um futuro melhor. É a capacidade de acreditar que, mesmo diante das adversidades, é possível construir uma realidade mais positiva e satisfatória. Cultivar uma visão positiva da vida é fundamental para manter a esperança acesa, mesmo nos momentos mais difíceis.

Perspectiva de Futuro

A perspectiva de futuro nos impulsiona a seguir em frente, mesmo diante das dificuldades do presente. É a crença de que, apesar dos obstáculos, é possível construir um caminho de realizações e felicidade. Manter viva a perspectiva de um futuro melhor é essencial para cultivar a esperança em nossos corações.

Manutenção do Foco

Manter o foco é fundamental para alcançar nossos objetivos e superar os desafios que surgem em nosso caminho. É a capacidade de definir prioridades, persistir diante das dificuldades e manter a disciplina necessária para seguir em frente, mesmo nos momentos mais difíceis.

Metas e Objetivos

Definir metas e objetivos claros nos ajuda a manter o foco e a direcionar nossos esforços na direção certa. É importante estabelecer prioridades e identificar o que é mais importante para nós, para que possamos concentrar nossa energia naquilo que realmente importa.

Definição de Prioridades

Definir prioridades nos ajuda a concentrar nossos esforços nas áreas mais importantes de nossas vidas. Ao identificar o que é essencial, podemos direcionar nossa atenção e energia para aquilo que realmente faz a diferença, mesmo diante das adversidades.

Persistência e Consistência

A persistência e a consistência são fundamentais para manter o foco e alcançar nossos objetivos, mesmo diante das dificuldades. É a capacidade de seguir em frente, mesmo quando tudo parece difícil, e de manter a disciplina necessária para alcançar nossos sonhos.

Determinação e Disciplina

A determinação e a disciplina nos ajudam a superar os obstáculos que surgem em nosso caminho. É a capacidade de seguir em frente, mesmo diante das dificuldades, e de manter o compromisso com nossos objetivos, mesmo nos momentos mais desafiadores.

Teste Seu Conhecimento

Responda as seguintes perguntas para testar seu conhecimento sobre o capítulo "Cultivando Sempre a Esperança":

1. O que significa manutenção do foco?
2. Por que a persistência e a consistência são importantes?
3. Como a determinação e a disciplina podem nos ajudar a superar obstáculos?

Apoio e Encorajamento

O apoio e o encorajamento de outras pessoas são fundamentais para manter a esperança viva, mesmo nos momentos mais difíceis. Ter uma rede de apoio sólida e inspiradora nos ajuda a enfrentar os desafios com mais coragem e determinação.

Rede de Apoio

Uma rede de apoio sólida nos ajuda a enfrentar os desafios com mais força e determinação. É o suporte social que nos encoraja a seguir em frente, mesmo nos momentos mais difíceis, e nos ajuda a encontrar soluções para os obstáculos que surgem em nosso caminho.

Suporte Social

O suporte social nos ajuda a enfrentar os desafios com mais coragem e determinação. É o apoio de amigos, familiares e colegas que nos encoraja a seguir em frente, mesmo nos momentos mais difíceis, e nos ajuda a encontrar soluções para os obstáculos que surgem em nosso caminho.

Inspirar e Ser Inspirado

A troca de experiências e o compartilhamento de histórias inspiradoras nos ajudam a manter a esperança viva, mesmo nos momentos mais desafiadores. Inspirar e ser inspirado por outras pessoas nos ajuda a enfrentar os desafios com mais coragem e determinação.

Troca de Experiências

A troca de experiências nos ajuda a encontrar soluções para os desafios que surgem em nosso caminho. Ao compartilhar histórias e aprendizados, podemos inspirar e ser inspirados por outras pessoas, mantendo viva a chama da esperança em nossos corações.

CAPÍTULO 15

Preparativos para a Mudança
Planejamento e Organização

A mudança de residência é um processo que requer um planejamento cuidadoso e uma organização detalhada. Antes de iniciar a transição para o novo lar, é essencial criar um checklist de tarefas que abranja todas as etapas necessárias. Desde a preparação dos pertences até a chegada ao novo ambiente, cada passo deve ser minuciosamente planejado.

Checklist de Tarefas

O checklist de tarefas é uma ferramenta fundamental para garantir que nenhum detalhe seja esquecido durante a mudança. Ele deve incluir itens como a contratação de uma empresa de mudanças, a atualização do endereço em documentos importantes, a transferência de serviços como água, luz e internet, entre outros. Cada tarefa deve ser listada de forma clara e organizada, facilitando a execução e acompanhamento do progresso.

Etapa por Etapa

Dividir o checklist em etapas sequenciais pode ajudar a manter o foco e a evitar a sobrecarga de informações. Por exemplo, a primeira etapa pode incluir tarefas relacionadas à preparação da mudança, como a seleção dos pertences a serem transportados. A segunda etapa pode abranger as providências necessárias para a desativação dos serviços na residência atual, e assim por diante. Essa abordagem por etapas facilita a visualização do progresso e a identificação de possíveis obstáculos.

Logística e Cronograma

Além do checklist de tarefas, é fundamental estabelecer uma logística eficiente para a mudança. Isso inclui a definição de datas para a realização de cada etapa, a contratação de uma empresa de mudanças confiável, o agendamento de serviços de transporte, entre outros aspectos logísticos. Um cronograma bem estruturado permite uma transição mais tranquila e organizada, minimizando contratempos e imprevistos.

Agendamento e Coordenação

O agendamento preciso das atividades relacionadas à mudança é essencial para garantir que tudo ocorra conforme o planejado. Isso envolve a coordenação de diferentes serviços, como a entrega de caixas de embalagem, a realização da mudança em si e a instalação de serviços no novo endereço. Ao estabelecer datas e horários específicos para cada atividade, é possível evitar conflitos e garantir uma transição suave.

Desapego e Empacotamento

Um dos aspectos mais desafiadores da mudança é lidar com o desapego de pertences e o processo de empacotamento. É comum que essa etapa envolva decisões difíceis sobre quais itens serão levados para o novo lar e quais serão descartados ou doados. Além disso, o cuidado na embalagem e proteção dos objetos é fundamental para garantir que cheguem ao destino final em perfeitas condições.

Seleção de Pertences

A seleção dos pertences a serem levados para o novo lar pode ser um processo emocional e desafiador. É importante avaliar cada item com cuidado, considerando sua utilidade, valor sentimental e espaço disponível no novo ambiente. A prática do desapego, embora difícil, pode trazer leveza e praticidade para a mudança, permitindo que novas experiências e memórias sejam construídas no novo lar.

Decisões sobre Bens

Ao tomar decisões sobre quais bens serão levados para o novo lar, é útil considerar a funcionalidade de cada item, sua relevância para o estilo de vida atual e a possibilidade de substituição no futuro. Itens que não se encaixam mais na rotina ou que podem ser facilmente substituídos podem ser candidatos ao desapego, aliviando o processo de empacotamento e acomodação no novo ambiente.

Embalagem e Proteção

O processo de empacotamento requer atenção aos detalhes e cuidado com a proteção dos objetos. É importante utilizar materiais adequados, como caixas resistentes, plástico bolha e papel de embalagem, para garantir a segurança dos pertences durante o transporte. Além disso, a organização das caixas e a identificação clara do conteúdo facilitam a desembalagem e a integração no novo ambiente.

Cuidados com os Objetos

Ao embalar objetos frágeis, como louças, cristais e obras de arte, é essencial adotar medidas especiais de proteção, como o uso de materiais acolchoados e a separação cuidadosa dos itens. O cuidado com os objetos durante o empacotamento reflete o valor atribuído a cada pertence e contribui para a preservação da integridade dos mesmos durante a mudança.

Teste Seu Conhecimento

Responda as perguntas a seguir para testar seu conhecimento sobre os preparativos para a mudança:

1. O que é essencial ao embalar objetos frágeis, como louças, cristais e obras de arte?
2. Por que o cuidado com os objetos durante o empacotamento é importante?

Adequação do Novo Ambiente

A adaptação do espaço no novo lar e a integração na comunidade são aspectos essenciais para uma transição bem-sucedida. A personalização do ambiente, a organização dos pertences e o estabelecimento de vínculos com os vizinhos contribuem para a criação de um novo lar acolhedor e familiar.

Adaptação do Espaço

Ao chegar ao novo lar, é natural que ocorram ajustes e personalizações no ambiente para torná-lo mais acolhedor e funcional. Isso pode envolver a disposição dos móveis, a decoração das paredes e a criação de espaços que reflitam a identidade e as necessidades dos moradores. A adaptação do espaço é um processo contínuo que acompanha a evolução das experiências e vivências no novo lar.

Personalização e Ajustes

A personalização do ambiente pode incluir a inclusão de elementos decorativos, a escolha de cores que transmitam sensações positivas e a organização de espaços de acordo com as preferências individuais. A realização de ajustes que atendam às necessidades e gostos dos moradores contribui para a criação de um ambiente acolhedor e familiar.

Integração na Comunidade

Estabelecer vínculos com a comunidade local é fundamental para a sensação de pertencimento e a construção de uma rede de apoio no novo bairro. Conectar-se com os vizinhos, participar de eventos comunitários e explorar os arredores são maneiras de integrar-se ao novo ambiente e estabelecer relações significativas.

Conexão com Vizinhos

A interação com os vizinhos pode proporcionar oportunidades de amizade, troca de experiências e apoio mútuo. Ao participar ativamente da comunidade, os moradores têm a oportunidade de contribuir para um ambiente acolhedor e colaborativo, promovendo um senso de pertencimento e bem-estar no novo lar.

CAPÍTULO 16
Alcance de um Local Favorável
Exploração de Novas Possibilidades

A busca por um local favorável muitas vezes começa com a exploração de novas possibilidades. Isso envolve a pesquisa e análise de diferentes opções disponíveis, com o objetivo de identificar oportunidades que atendam às necessidades e expectativas do indivíduo ou da família.

Pesquisa e Análise

A etapa inicial desse processo consiste na pesquisa minuciosa do mercado imobiliário, levando em consideração fatores como localização, infraestrutura, segurança, custo de vida, entre outros. A análise criteriosa das informações coletadas é fundamental para a tomada de decisão consciente e informada.

Identificação de Oportunidades

Através da pesquisa e análise, é possível identificar oportunidades que se alinhem com as necessidades e desejos do indivíduo ou da família. Essas oportunidades podem se apresentar de diversas formas, desde imóveis disponíveis no mercado até possibilidades de mudança para novas regiões ou bairros.

Avaliação de Alternativas

Após a identificação de oportunidades, segue-se a avaliação de alternativas. Isso envolve a comparação de diferentes opções, levando em consideração aspectos como custo-benefício, qualidade de vida, proximidade de serviços essenciais, entre outros fatores relevantes para a tomada de decisão.

Comparação de Opções

A comparação de opções é um processo essencial para garantir que a escolha do novo local seja a mais adequada possível. Nesse sentido, é importante considerar não apenas as características do imóvel em si, mas também o contexto em que está inserido, incluindo a vizinhança, infraestrutura urbana e possibilidades de desenvolvimento futuro.

Leitura Adicional
Alcance de um Local Favorável
Exploração de Novas Possibilidades
Avaliação de Alternativas
Comparação de Opções

A comparação de opções é um processo essencial para garantir que a escolha do novo local seja a mais adequada possível. Nesse sentido, é importante considerar não apenas as características do imóvel em si, mas também o contexto em que está inserido, incluindo a vizinhança, infraestrutura urbana e possibilidades de desenvolvimento futuro.

Decisão e Mudança

Após a exploração de novas possibilidades, chega o momento de tomar a decisão e efetivar a mudança para o novo local favorável. Esse processo envolve o planejamento da transição, a preparação e execução das etapas necessárias, bem como a adaptação e acolhimento no novo ambiente.

Planejamento da Transição

O planejamento da transição inclui a definição de um cronograma de mudança, a organização dos recursos necessários, a contratação de serviços de transporte e logística, além de outras providências relacionadas à saída do antigo local e chegada ao novo ambiente.

Preparação e Execução

A preparação e execução do plano de transição demandam atenção aos detalhes, coordenação de atividades e a superação de eventuais desafios que possam surgir durante o processo de mudança. É um momento que requer foco, determinação e flexibilidade para lidar com imprevistos.

Adaptação e Acolhimento

Após a mudança, a fase de adaptação e acolhimento no novo ambiente se inicia. É o momento de se integrar à comunidade local, estabelecer novas rotinas, conhecer os arredores e explorar as oportunidades que o novo local oferece.

Integração no Novo Ambiente

A integração no novo ambiente envolve a construção de novos vínculos, a participação em atividades comunitárias, a busca por serviços e estabelecimentos locais que atendam às necessidades do cotidiano, e a adaptação a uma nova realidade que, embora desafiadora, também traz consigo a promessa de novas experiências e oportunidades de crescimento.

CAPÍTULO 17
Tendo uma Vida mais Calma
Equilíbrio e Bem-Estar
Gerenciamento do Estresse

O gerenciamento do estresse é essencial para manter uma vida mais calma, especialmente em situações desafiadoras. Existem diversas técnicas de relaxamento que podem ajudar a reduzir a tensão e promover o equilíbrio emocional.

Entre as técnicas de relaxamento, destacam-se a prática de exercícios de respiração profunda, a meditação, a yoga e a atenção plena (mindfulness). Essas práticas têm o poder de acalmar a mente e o corpo, proporcionando alívio do estresse e ansiedade.

Saúde Mental e Emocional

Os cuidados pessoais com a saúde mental e emocional são fundamentais para manter a calma e o equilíbrio. Isso inclui buscar ajuda profissional, se necessário, e dedicar tempo para atividades que tragam bem-estar e alegria.

Além disso, é importante estar atento às próprias emoções e sentimentos, buscando compreendê-los e lidar de forma saudável com eventuais desafios emocionais. O autocuidado emocional é uma prática que contribui significativamente para uma vida mais calma e equilibrada.

Pense e Reflita

Equilíbrio e Bem-Estar

Saúde Mental e Emocional

Os cuidados pessoais com a saúde mental e emocional são fundamentais para manter a calma e o equilíbrio. Isso inclui buscar ajuda profissional, se necessário, e dedicar tempo para atividades que tragam bem-estar e alegria.

Além disso, é importante estar atento às próprias emoções e sentimentos, buscando compreendê-los e lidar de forma saudável com eventuais desafios emocionais. O autocuidado emocional é uma prática que contribui significativamente para uma vida mais calma e equilibrada.

Rotina e Organização

Estabelecimento de Hábitos

O estabelecimento de uma rotina matinal pode ser um poderoso aliado na busca por uma vida mais calma. Criar um ritual matinal que inclua momentos de tranquilidade, como meditação, leitura inspiradora ou simplesmente apreciar um café da manhã tranquilo, pode definir o tom para o restante do dia.

Além disso, a organização de tarefas e a definição de prioridades ao longo do dia contribuem para a sensação de controle e tranquilidade. Estabelecer hábitos saudáveis, como a prática de exercícios físicos e momentos de lazer, também faz parte de uma rotina equilibrada.

Gestão do Tempo

A gestão eficaz do tempo é essencial para evitar o estresse e a sobrecarga. Priorizar atividades e estabelecer limites de tempo para cada tarefa podem ajudar a manter o equilíbrio e a produtividade, evitando a sensação de estar constantemente sob pressão.

Além disso, reservar momentos para o descanso e o lazer é fundamental para recarregar as energias e manter a mente tranquila e focada.

Ambiente Tranquilo
Espaço de Descanso

A criação de um ambiente tranquilo em casa, especialmente no quarto, pode contribuir significativamente para uma vida mais calma. Investir em uma decoração que transmita serenidade, aconchego e conforto, bem como a organização do espaço para promover o descanso, são passos importantes nesse sentido.

Além disso, a qualidade do sono é fundamental para o equilíbrio emocional e a saúde mental. Portanto, garantir um ambiente propício ao descanso, com pouca luminosidade e ruídos, é essencial para promover a tranquilidade.

Eliminação de Distrações

A eliminação de distrações desnecessárias no ambiente, tanto físicas quanto digitais, pode contribuir para a manutenção de um estado de calma e foco. Reduzir o tempo gasto em redes sociais e dispositivos eletrônicos, bem como organizar o espaço de trabalho e estudo, são medidas que favorecem a concentração e a tranquilidade.

Ao criar um ambiente tranquilo e livre de distrações, é possível promover momentos de introspecção, relaxamento e concentração, fundamentais para uma vida mais calma e equilibrada.

CAPÍTULO 18

Experiência de Felicidade e Prosperidade

Realização e Gratidão

A jornada rumo à felicidade e prosperidade é marcada pelo alcance de metas e conquistas significativas. Ao celebrar esses marcos, é essencial praticar a gratidão, reconhecendo a importância de cada passo dado e cada obstáculo superado.

Alcance de Metas

O alcance de metas é um momento de celebração e reconhecimento do esforço dedicado. Cada objetivo alcançado representa um passo em direção à realização pessoal e profissional. Seja a conclusão de um projeto, a conquista de um novo emprego ou o desenvolvimento de habilidades, cada meta atingida merece ser comemorada.

A celebração de conquistas é uma oportunidade para refletir sobre o caminho percorrido, os desafios enfrentados e as lições aprendidas ao longo do processo. É um momento de orgulho e satisfação, que fortalece a motivação para novos desafios e empreendimentos.

Reconhecimento e Apreciação

A prática da gratidão é fundamental para manter o equilíbrio emocional e valorizar as realizações alcançadas. Reconhecer e apreciar as oportunidades, o apoio recebido e as próprias capacidades é essencial para cultivar um sentimento de plenitude e contentamento.

Expressar gratidão também fortalece os laços interpessoais, promovendo um ambiente de positividade e encorajamento mútuo. Agradecer pelas conquistas e pelas pessoas que contribuíram para o sucesso é uma forma de cultivar relacionamentos saudáveis e construtivos.

Pense e Reflita

Realização e Gratidão

Reconhecimento e Apreciação

A prática da gratidão é fundamental para manter o equilíbrio emocional e valorizar as realizações alcançadas. Reconhecer e apreciar as oportunidades, o apoio recebido e as próprias capacidades é essencial para cultivar um sentimento de plenitude e contentamento.

Expressar gratidão também fortalece os laços interpessoais, promovendo um ambiente de positividade e encorajamento mútuo. Agradecer pelas conquistas e pelas pessoas que contribuíram para o sucesso é uma forma de cultivar relacionamentos saudáveis e construtivos.

Bem-Estar e Satisfação

A experiência de felicidade e prosperidade está intrinsecamente ligada ao bem-estar pessoal e à satisfação com a vida. Momentos de alegria, equilíbrio financeiro e realização pessoal contribuem para uma sensação de plenitude e contentamento.

Felicidade Pessoal

A felicidade pessoal é resultado da harmonia entre diferentes aspectos da vida, como relacionamentos interpessoais, realização profissional, saúde física e mental, e o cultivo de hobbies e interesses pessoais. Encontrar momentos de alegria e satisfação no dia a dia é essencial para nutrir a felicidade interior.

Valorizar as pequenas conquistas, cultivar relacionamentos positivos e buscar atividades que tragam prazer e significado são maneiras de promover a felicidade pessoal. A busca por um estado de contentamento e gratidão é um processo contínuo, que demanda autoconhecimento e atenção aos próprios sentimentos e necessidades.

Prosperidade Financeira

O equilíbrio financeiro é um pilar importante na construção da felicidade e prosperidade. A estabilidade econômica proporciona segurança, liberdade e a capacidade de realizar sonhos e projetos pessoais.

Gerir as finanças de forma consciente e responsável é fundamental para garantir a tranquilidade e o bem-estar material.

Além disso, a prosperidade financeira abre portas para novas oportunidades, investimentos no desenvolvimento pessoal e contribuições para causas e projetos sociais. A capacidade de gerar impacto positivo por meio dos recursos financeiros disponíveis é um aspecto significativo da prosperidade.

CAPÍTULO 19

Mesmo com Todo o Tumulto Pude Terminar Minha Faculdade

Conclusão de Estudos

A jornada acadêmica é uma fase repleta de desafios e conquistas. Ao mudar para a nova casa na Rua Caravelas, enfrentei a transição de ambiente enquanto buscava concluir meus estudos. A adaptação ao novo lar e a rotina de estudos demandaram esforço e dedicação, mas cada obstáculo superado representou um passo em direção à realização do meu objetivo.

Jornada Acadêmica

A jornada acadêmica foi marcada por desafios que me instigaram a buscar soluções criativas e a desenvolver habilidades de resolução de problemas. A nova casa proporcionou um ambiente propício para o foco nos estudos, permitindo-me explorar novas formas de aprendizado e aprofundar meu conhecimento nas áreas de interesse.

Desafios e Conquistas

Os desafios enfrentados ao conciliar a mudança para a Rua Caravelas com as demandas acadêmicas me incentivaram a superar limites e aprimorar minha capacidade de gerenciar o tempo e as responsabilidades. Cada conquista, por menor que fosse, representou um avanço significativo em minha jornada rumo à conclusão da faculdade.

Formatura e Celebração

A formatura foi um momento de realização e celebração, não apenas pela conquista do diploma, mas também pela superação de desafios pessoais e pela capacidade de adaptação a um novo ambiente. A nova casa na Rua Caravelas se tornou parte integrante dessa conquista, sendo o cenário onde os esforços e a dedicação se materializaram em um marco significativo em minha vida.

Momento de Realização

A formatura representou o ápice de uma jornada repleta de aprendizados e crescimento pessoal. A celebração desse momento especial na nova casa fortaleceu os laços com a comunidade local e reafirmou a importância do suporte e encorajamento mútuo no alcance de metas acadêmicas e pessoais.

Você Sabia?
Conclusão de Estudos
Formatura e Celebração
Momento de Realização

A formatura representou o ápice de uma jornada repleta de aprendizados e crescimento pessoal. A celebração desse momento especial na nova casa fortaleceu os laços com a comunidade local e reafirmou a importância do suporte e encorajamento mútuo no alcance de metas acadêmicas e pessoais.

Impacto na Carreira

A conclusão dos estudos na nova casa teve um impacto significativo na preparação para a carreira profissional. Os desafios superados e as habilidades desenvolvidas durante a jornada acadêmica se refletiram de maneira positiva na minha prontidão para adentrar o mercado de trabalho e buscar novas oportunidades de crescimento profissional.

Preparação Profissional

A vivência na nova casa proporcionou um ambiente propício para o desenvolvimento de habilidades profissionais, tais como a capacidade de adaptação, a resolução de problemas e a comunicação eficaz. Esses atributos se mostraram essenciais na preparação para os desafios e exigências do mundo corporativo.

Desenvolvimento de Habilidades

O ambiente desafiador da Rua Caravelas estimulou o aprimoramento de habilidades essenciais para a carreira, incluindo a capacidade de lidar com situações adversas, a proatividade na busca por soluções e a resiliência diante de obstáculos. Essas competências se revelaram valiosas na transição para a vida profissional.

Oportunidades Futuras

A conclusão dos estudos na nova casa abriu portas para a exploração de novas oportunidades de carreira e crescimento profissional. A base sólida construída durante a jornada acadêmica, aliada à experiência adquirida no novo ambiente, me proporcionou a confiança necessária para buscar e aproveitar as perspectivas promissoras que se apresentaram.

Perspectivas de Carreira

O impacto positivo da conclusão dos estudos na nova casa se refletiu em um horizonte de possibilidades ampliado, com a visão de novos caminhos e oportunidades de crescimento profissional. A preparação e as experiências vivenciadas na Rua Caravelas se tornaram um alicerce sólido para a construção de uma carreira promissora e gratificante.

CAPÍTULO 20
Reflexão Sobre o Livro
Jornada Pessoal

A jornada descrita neste livro foi repleta de desafios que exigiram resiliência e determinação. Ao longo da experiência na Casa da Rua Caravelas, os moradores enfrentaram situações que testaram seus limites e os levaram a superar obstáculos inesperados. A capacidade de lidar com esses desafios fortaleceu a determinação de cada um, mostrando que a adversidade pode ser transformada em oportunidade de crescimento pessoal.

Desafios Superados

Os desafios superados ao longo da jornada na Casa da Rua Caravelas foram diversos e impactantes. Desde as manifestações sobrenaturais até os conflitos com a vizinhança, cada obstáculo representou uma oportunidade de desenvolvimento pessoal. A resiliência demonstrada diante dessas dificuldades é um testemunho do poder da determinação humana.

Resiliência e Determinação

A resiliência e determinação dos moradores da Casa da Rua Caravelas foram fundamentais para enfrentar os desafios que surgiram. A capacidade de se adaptar, persistir e buscar soluções mesmo diante de situações complexas demonstrou a força interior de cada indivíduo. Essa resiliência foi essencial para superar as adversidades e seguir em frente, fortalecendo o caráter e a determinação de todos os envolvidos.

Crescimento Pessoal

O convívio na Casa da Rua Caravelas proporcionou um ambiente propício para o crescimento pessoal. Cada experiência vivida, seja ela desafiadora ou inspiradora, contribuiu para o amadurecimento e a transformação dos moradores. O aprendizado adquirido ao lidar com as peculiaridades da residência e do novo bairro resultou em um crescimento significativo em nível individual e coletivo.

Aprendizados e Transformações

Os aprendizados e transformações ocorridos ao longo da jornada na Casa da Rua Caravelas foram profundos e impactantes. Cada desafio superado, cada reflexão espiritual e cada interação com a comunidade contribuíram para a evolução pessoal dos moradores. As lições extraídas dessas experiências foram essenciais para promover um crescimento significativo, resultando em uma maior compreensão de si mesmos e do mundo ao seu redor.

Retrato Biográfico

Nome: A Casa da Rua Caravelas

Gênero: Drama

Autor: Emerson Calejon

Ano de Publicação: 2024

Impacto na Comunidade

A vivência na Casa da Rua Caravelas não apenas impactou os moradores, mas também teve efeitos positivos na comunidade ao seu redor. A capacidade de inspirar outros e contribuir de forma positiva para o ambiente em que estavam inseridos demonstra a importância do engajamento e da influência pessoal no contexto social.

Inspirando Outros

As experiências compartilhadas pelos moradores da Casa da Rua Caravelas serviram como fonte de inspiração para outros indivíduos que enfrentavam desafios semelhantes. A capacidade de superação e a maneira como lidaram com as situações adversas inspiraram aqueles que estavam ao seu redor, demonstrando que é possível enfrentar dificuldades com coragem e determinação.

Compartilhando Experiências

O compartilhamento das experiências vividas na Casa da Rua Caravelas permitiu que outros compreendessem que não estão sozinhos em suas lutas e desafios. A troca de vivências e a abertura para falar sobre as dificuldades enfrentadas criaram um ambiente de apoio mútuo, promovendo a solidariedade e a empatia entre os membros da comunidade.

Contribuição Positiva

O impacto positivo gerado pela presença dos moradores da Casa da Rua Caravelas na comunidade foi significativo. A maneira como lidaram com as adversidades, buscaram soluções e promoveram a harmonia no bairro contribuiu para um ambiente mais acolhedor e unido. Sua presença e atitudes tiveram um efeito transformador, beneficiando a comunidade como um todo.

Benefícios para a Comunidade

Os benefícios gerados pela presença dos moradores da Casa da Rua Caravelas na comunidade foram diversos, desde a promoção de um ambiente mais harmonioso até a inspiração de outros indivíduos a enfrentar seus próprios desafios. A contribuição positiva desses moradores foi fundamental para fortalecer os laços comunitários e promover um senso de pertencimento e solidariedade entre os vizinhos.

CAPÍTULO 21
Conclusão: Considerações Finais
Gratidão e Esperança

A jornada vivida na Casa da Rua Caravelas foi repleta de desafios, aprendizados e momentos de superação. Ao final desta jornada, é inevitável expressar profunda gratidão por todas as experiências vivenciadas e pela esperança que se renova para o futuro.

Agradecimentos

Gostaríamos de expressar nossa sincera gratidão a todos que estiveram ao nosso lado durante essa jornada. Aos amigos, familiares e vizinhos que compartilharam conosco momentos de alegria, desafios e crescimento, nosso mais profundo reconhecimento.

Reconhecimento

Cada pessoa que cruzou nosso caminho na Casa da Rua Caravelas deixou uma marca única em nossa história. Agradecemos a todos os que contribuíram para a nossa jornada, seja com palavras de encorajamento, gestos de solidariedade ou simplesmente com sua presença amiga.

Perspectivas Futuras

Olhando para o futuro, carregamos conosco a esperança de que as lições aprendidas e os vínculos construídos na Casa da Rua Caravelas nos impulsionem para novos desafios e conquistas. Acreditamos que a continuidade dessa jornada trará consigo novas oportunidades de crescimento e aprendizado.

Continuidade e Novos Desafios

Estamos cientes de que a vida é uma jornada em constante evolução. Com gratidão no coração e esperança no horizonte, nos preparamos para enfrentar novos desafios, confiantes de que as experiências vividas na Casa da Rua Caravelas nos fortaleceram para os desafios que estão por vir.

Pense e Reflita

Conclusão: Considerações Finais

Gratidão e Esperança

Perspectivas Futuras

Continuidade e Novos Desafios

Estamos cientes de que a vida é uma jornada em constante evolução. Com gratidão no coração e esperança no horizonte, nos preparamos para enfrentar novos desafios, confiantes de que as experiências vividas na Casa da Rua Caravelas nos fortaleceram para os desafios que estão por vir.

Impacto Pessoal

A vivência na Casa da Rua Caravelas teve um impacto profundo em nossas vidas, promovendo uma transformação individual significativa e deixando um legado pessoal que esperamos influenciar e inspirar outros ao nosso redor.

Transformação Individual

Os desafios enfrentados e as experiências compartilhadas moldaram nossa jornada pessoal, proporcionando oportunidades de autoconhecimento e empoderamento. Aprendemos a superar limites, a valorizar a resiliência e a cultivar a força interior necessária para enfrentar as adversidades.

Autoconhecimento e Empoderamento

O autoconhecimento adquirido ao longo dessa jornada nos permitiu reconhecer nossas habilidades, limitações e potenciais, fortalecendo nossa capacidade de enfrentar os desafios da vida com confiança e determinação.

Legado Pessoal

Almejamos que as experiências compartilhadas na Casa da Rua Caravelas deixem um legado positivo, influenciando e inspirando aqueles que cruzarem nosso caminho. Desejamos ser agentes de transformação, promovendo a superação, a compaixão e a esperança naqueles que nos cercam.

Influência e Inspiração

Que as lições aprendidas e as histórias vividas na Casa da Rua Caravelas possam ecoar além de seus muros, inspirando outros a enfrentar seus próprios desafios com coragem, fé e determinação. Que nosso legado pessoal seja um testemunho de superação e esperança para todos que compartilham conosco esta jornada chamada vida.

Biografia

Chamo-me Emerson Calejon, sou formado em Administração de Empresas, realizo pesquisas e sou autodidata em filosofia clássica e contemporânea. Sou estudante da espiritualidade e ciências humanas, possuo pós-graduação em psicologia existencial e psicanálise e tenho grande apreço pela escrita.

Já escrevi diversas obras abordando diferentes assuntos, estou agora divulgando meu novo livro chamado "John River: o início da missão".

O que mais me alegra é perceber que constantemente surgirão novas provas para superarmos e continuarmos progredindo em direção aos nossos objetivos.

Agradeço!

"Ainda que eu falasse a língua dos Anjos e dos Homens, sem Amor, eu nada seria."

"Que Deus esteja com Todos."

Editora Home
2024

São Paulo
2024